AF342748

* * *

AMITIÉ, UNION, FORCE.

Installation du F.˙. de FOURNELLE, âgé de 119 ans, en qualité de Ven.˙. d'honneur dans la R.˙. L.˙. de Saint - Pierre, sous le titre distinctif des FF.˙. du Vrai Expert.

PARIS,

DE L'IMPRIMERIE DE LE NORMANT,
RUE DES PRÊTRES SAINT GERMAIN-L'AUXERROIS.

L'AN de la V.˙. L.˙. 5809.

O∴ DE PARIS.

SÉANCE du 2me jour de second mois, l'an de la V∴ L∴ 5809, et de l'ère vulgaire, le 2 avril 1809.

~~~~~~~~~~

A la G∴ du G∴ Arch∴ de l'Univ∴, au nom et sous les auspices du G∴ O∴ de France.

LA R∴ ▢ de St.-Pierre, sous le titre distinctif des FF∴ du Vrai Expert, a ouvert ses trav∴ dans un lieu très-fort, où règnent la paix et l'amitié;

MIDI PLEIN.

Le Vén∴ l'Epicier tenant le premier maillet; les FF∴ Garnier et Malaisye 1er et 2e. Surv∴; le F∴ Miller, 1er Expert; Perrin jeune, Secrét∴ Général; Perrin aîné, Or∴; le F∴ Expert, remplissant aussi les fonctions de Maître des Cérémonies.

Le Vén∴ Titulaire ouvre les Trav∴, et ayant reçu les applaudissemens d'usage, le F∴ Secrét∴ Général donne lecture de la planche d'arch∴ de
~~~~~~~~~~

la dernière tenue : portant que la R∴.☐ voulant donner à tous les MM∴ un témoignage de son respect et de sa vénération pour la vieillesse vertueuse, et désirant sanctionner la proposition du F∴ Dubois Dangerville son député au G∴ O∴, proposition déjà approuvée et tendante à donner le titre de Vén∴ d'honneur au T∴ Ch∴ F∴ de Fournelle, membre affilié de ce R∴ At∴, ayant aussi pris connoissance exacte des tracés relatifs à ce resp∴ vieillard, a arrêté par un sentiment unanime et spontané, qu'elle offriroit dans l'auguste et spéciale tenue de ce jour, le titre de Vén∴ d'honneur à ce Doyen des enfans de la V∴ Lum∴.; et aucune observation n'ayant eu lieu sur l'une et l'autre colonne, le F∴ Or∴ ayant donné ses conclusions, la rédaction de la planche — a été approuvée dans tout son contenu.

Les FF∴ Deseve et Chevalier, VV∴ des RR∴ At∴ des élèves de la nature et des admirateurs de l'Un∴, présens à l'ouverture des travaux, ont été placés à l'O∴.

Plusieurs Visiteurs de différens At∴ ayant grade de M∴ sont introduits, complimentés et placés sur l'une et l'autre colonne.

Les très-RR∴ FF∴ Cubières - Palmézeaux, Pelletier-Volmerange et autres FF∴, décorés du gr∴ de F∴ P∴ †, sont reçus avec les honneurs qui leur sont dus, et placés à l'O∴.

Des Ill∴ MM∴ du G∴ O∴ de France, dont les FF∴ Jaquotot, Larché, Savin et autres, reçoivent aussi l'accueil et les expressions que leur présence inspire, et sont placés sous les rayons du feu sacré.

Vu les Trav∴ du jour, l'on suspend momentanément les honneurs à rendre aux FF∴ Visit∴ qui seront annoncés être dans le porche.

On frappe à la porte du Temple ; le F∴ DE FOURNELLE est annoncé ; l'O∴ est debout ; chacun s'arme ; la grande voûte est formée, les étoiles et les premières lumières se déplacent, reçoivent, accompagnent et conduisent à l'autel ce F∴ aussi intéressant par son grand âge, que recommandable par ses vertus et ses rares connoissances.

Au pied de cet autel, le Vén∴ Tit∴ ému d'admiration, s'incline, présente le maillet à ce Patriarche de la Fran∴ Maç∴, et l'installe Vén∴ d'honneur.

Le Vén∴ Tit∴ et les VV∴ placés à l'O∴, proclament cette installation.

Les plus vifs applaudissemens couronnent, attestent la joie, la sensibilité et l'allégresse de cette auguste assemblée. Le Vén∴ d'honneur a dit : Que béni soit le Ciel ; ô jour trois fois heureux et si long-temps attendu, vous êtes le plus beau de ma vie ; il me ramène au milieu de mes FF∴, de mes enfans, de mes amis ! Croyez que, dans le peu de temps qui me reste à vivre, il me sera doux de me le rappeler sans cesse.

Le Vén∴ F∴ Chevalier exprime les sentimens dont il est animé, et la faveur qu'il a de partager nos illustres trav∴ dans une si auguste et si imposante cérémonie. Le Vén∴ F∴ Deseves partage les mêmes sentimens.

Le F∴ Cubières-Palmézeaux exprime, avec les talens qui lui sont si familiers et un attendrissement qui fait l'éloge de son cœur, tout ce qu'il éprouve dans cette circonstance, et il demande que, pour donner plus d'éclat à une tenue aussi brillante, toutes les pièces d'arch∴ appartenant à ce beau jour, soient recueillies, imprimées, et envoyées d'abord au G∴ O∴ de F∴ et à tous les At∴ réguliers de Paris ; que le plan d'une fête consacrée à célébrer la vieillesse et les vertus de ce Vén∴ patriarche, soient consignées dans le tracé de cette tenue ; que la commission, composée des Vén∴ Tit∴, 1er et 2e Surv∴, l'Or∴, le F∴ secrétaire, et du député de cet At∴ au G∴ O∴, traceront au plutôt le projet pour cette solennité qui est unique dans les annales Maç∴ Ce discours improvisé est vivement applaudi.

Le F∴ Jaquotot, Off∴ du G∴ O∴ approuve

le discours du F∴ Cubières-Palmézeaux, et exprime à son tour, par un discours éloquent, et pareillement improvisé, combien étoit grand chez les anciens le respect que l'on portoit à la vieillesse, il demande que la fête votée fût appelée la fête du Respect à la Vieillesse ; ce qui a été très-maç∴ applaudi.

La parole est accordée au F∴ Dubois-d'Angerville ; le plus profond silence règne ; il donne lecture du précis historique sur la longévité du Vén∴ d'honneur, ouvrage qu'il a fait d'après les pièces authentiques et les notes qui lui ont été fournies par le Vén∴ lui-même.

Ce discours électrise l'assemblée ; il nous fait connoître plus particulièrement les qualités du cœur et les vertus du doyen des M∴, les talens et les sciences qu'il possède, les vicissitudes qu'il a éprouvées ; et enfin, il nous le fait justement remarquer *comme une colonne antique restée debout au milieu d'une nouvelle cité.*

Le Ch∴ F∴ Dubois reçoit les expressions des sentimens qu'il a fait éprouver pour un tracé aussi bien écrit.

Le F∴ Cubières-Palmézeaux a obtenu de nouveau la parole, et a dit : que la notice du T∴ honoré F∴ Dubois étoit bien écrite, impartiale et intéressante sous tous les rapports ; que cette notice lui faisoit connoître que le F∴ DE

FOURNELLE étoit parent de Fénélon , l'immortel Fénélon, auteur du roman de Télémaque , et que c'étoit pour lui un texte nouveau pour prolonger l'éloge du F∴ DE FOURNELLE.

Les applaudissemens ont été maç∴ réitérés en faveur de Ch∴ F∴

Le F∴ Pelletier-Volmerange , si recommandable par les talens qu'il professe et qui lui sont si familiers , ainsi que par le zèle maç∴ qui le caractérise , a développé les sentimens qu'il éprouvoit dans une circonstance aussi remarquable ; il a payé son juste tribut d'éloges au Vénérable d'Honneur ; il a conclu à ce que la fête proposée eût lieu dans le plus court délai , et qu'elle eût toute la splendeur dont elle est susceptible.

Les applaudissemens ont couvert les expressions et les sentimens de ce digne F∴

Le F∴ Or∴ est entendu : son tracé est digne de ses talens , comme homme de lettres ; et l'At∴ rend à cet Off∴ dignitaire , l'hommage de sa reconnoissance , pour avoir si bien rendu les sentimens de chacun de ses membres.

Le F∴ Garnier , premier Surv∴ parle aussi de ce beau jour , de ce jour heureux : Comme la rosée , dit-il , ranime les fleurs , de même les talens et les lumières répandus dans cette auguste enceinte , ranimeront nos glorieux Trav∴ , nos cœurs fixés vers l'Expert parfait que nous pos-sédons, nous pouvons, à juste titre, être ap-pelés les F∴ du Vrai Expert.

Les expressions de ce Ch∴ F∴ sont vive-ment applaudies.

Par suite des discours qui ont été entendus, différentes propositions étant faites, pour que tous les membres reçoivent le baiser Maç∴ du V∴ d'honneur.

L'Or∴ entendu, l'At∴ consulté, la R∴ ☐ arrête, que les deux colonnes, ayant à leur tête les premier et deuxième Surv∴ viendront donner et recevoir le baiser maç∴ de notre Ven∴ d'honneur, ce qui s'exécute en ordre et avec majesté.

On annonce au Ven∴ que l'on frappe à la porte du Temple; les demandes et réponses d'usage sont faites.

A l'instant on introduit avec tous les honneurs une députation de la R∴ ☐ de Sainte-Joséphine d'Ecosse; et elle est placée à l'O∴.

L'Or∴ de cette députation témoigne à l'At∴ combien tous les membres de leur R∴ ☐ au-roient désiré d'assister en corps à l'auguste cérém∴ du jour; il paie avec beaucoup de talent son tri-but de reconnoissance au T∴ V∴ de Fournelle, et il reçoit de tout l'At∴ les applaudissemens les plus flatteurs.

On annonce que l'on frappe à la porte du Temple en profane ; le Vén∴ demande qui ose troubler nos ill∴ Trav∴ Le premier Surv∴ répond et fait parvenir à l'O∴ que le profane, nommé Jacques Gérard, âgé de 38 ans, né en Hollande, demeurant à Paris, rue de Fromenteau, n°. 28, demande à être admis à l'initiation. Après le rapport et l'assentiment du resp∴ At∴, l'Or∴ entendu, il est introduit, reçu et initié en la manière accoutumée.

Le F∴ Miller, M∴ des Cérémonies, témoigne dans ce beau jour, au nom du nouvel initié, ce qu'il devoit éprouver étant reçu dans une tenue aussi solennelle.

Les applaudissemens maç∴ et d'usage sont donnés au plaisir de cette nouvelle initiation.

On annonce le F∴ Pierry, Vén∴ de la R∴ ☐ de Mars et les Arts ; il est reçu avec les honneurs dus à son titre : ayant été complimenté, il est placé à l'O∴, et les applaudissemens ordinaires consacrent son entrée.

L'O∴ entendu sur toutes les propositions qui ont été fa.tes, la R∴ ☐ arrête que la commission désignée tracera le projet de la fête dont le titre sera : *de la Vieillesse et du Respect*. Que le tracé d'Arch∴ de cette tenue solennelle sera imprimé avec les discours qui ont eu lieu, et envoyé au G∴ O∴ de France et à tous les At∴

Reg∴ de Paris. Les applaudissemens requis sanctionnent le vœu unanime de tous les membres présens.

Le Vén∴ Tit∴ annonce que le sac des propositions va circuler ; il en produit une sur l'augmentation de salaire de plusieurs FF∴ du R∴ At∴.

Le tronc de bienfaisance a circulé ; le produit en a été destiné au soulagement d'un F∴ vertueux.

Les Trav∴ sont suspendus pour passer à ceux de table.

L'une et l'autre colonne se mettent en ordre et arrivent à la salle des Banquets.

Les VV∴ d'Honneur et Tit∴ placés à l'O∴, on procède aux Travaux de mastication ; la joie et la gaieté décentes ont accompagné cette récréation.

Les Trav∴ sont fermés en la manière accoutumée, et chacun se retire en paix, en bénissant le G∴ Arch∴ de l'Un∴.

L'EPICIER, V∴ Tit∴ †∴
GARNIER, 1er Surv∴ †∴
MALAISYE, 2me Surv∴ M∴
PERRIN aîné, Or∴ †∴
MILLER, M∴ des Cérémonies. †∴
DUBOIS D'ANGERVILLE, Député au G∴ O∴ †∴

Par mandement de la R∴ ☐∴,
PERRIN jeune, Secrétaire-Général.

DISCOURS

IMPROVISÉ

PAR LE F∴ CUBIÈRES-PALMÉZEAUX.

———

MM∴ TT∴ CC∴ FF∴,

J'AI eu la faveur, en 1778, d'assister à la réception du grand Voltaire; j'ai eu même la faveur de lui donner la main et de le conduire à l'autel. C'étoit une véritable conquête pour la Loge des Neuf-Sœurs que de recevoir le grand Voltaire; mais affilier le F∴ DE FOURNELLE, âgé de 119 ans, n'est pas une conquête moins glorieuse pour la R∴ L∴ des FF∴ du Vrai Expert. Si Voltaire fut grand par son génie, le F∴ DE FOURNELLE l'a été et l'est même par ses vertus. Le F∴ Voltaire, écrivain sublime en vers et en prose, a parcouru et cultivé toutes les branches de la littérature française avec beaucoup de succès; le F∴ DE FOURNELLE a cultivé, avec non moins de succès, les branches de la science philantropique. Le F∴ Voltaire visa à l'agréable sans dédaigner l'utile; le F∴ DE FOURNELLE cultive l'utile sans dédaigner l'agréable : l'un et l'autre sont dignes de nos respects et de notre amour, mais ici doit finir le parallèle.

(13)

Le F∴ Voltaire n'avoit que 84 ans lorsqu'il
fut reçu dans la Loge des Neuf-Sœurs, et le F∴
DE FOURNELLE, ici présent, est âgé de 119 années. Le F∴ DE FOURNELLE est le doyen des
Francs-Maçons, et peut-être des hommes. Il vient
de vous dire, avec une voix foible et tremblante,
que le plus beau jour de sa vie étoit celui où vous
l'avez admis parmi vous, et où vous lui avez
donné le titre bien mérité de Vénérable d'honneur. Vous n'avez pas bien entendu ces paroles
touchantes, parce que l'éloignement les a inter-
ceptées, et moi, que le hasard a placé près de
lui, je vous les répète avec respect et surtout
avec reconnoissance. Oh, qu'il est heureux pour
moi de servir d'interprète à cet auguste vieillard!
Oh, qu'il est heureux pour nous tous de l'avoir
dans notre sein ! Il vient de dire que le plus beau
jour de sa vie étoit celui où nous l'avons affilié ;
il faut dire, au contraire, que c'est le plus beau
jour de la nôtre. Que peut-on ajouter aux sentimens d'une famille entière qui reçoit son aïeul ou
son bisaïeul après une longue suite d'années? Nous
sommes tous les enfans du Vénérable DE FOUR-
NELLE ; nous venons d'affilier notre maître à nos
respectables travaux ; nous venons de recevoir
notre père et de lui rendre nos cœurs, c'est-à-dire,
son héritage.

Il ne suffit pas toutefois de rendre par la pensée à notre V∴ d'honneur les hommages qui lui sont dus. Nous sommes tous ou presque tous artistes ou hommes de lettres dans cette R∴ L∴, et notre V∴ d'H∴ est artiste et homme de lettres lui-même : il a cultivé la médecine avec succès, ou plutôt l'art de guérir les hommes; car si on ne guérit pas les hommes, qu'est-ce que la médecine? Il a fait un livre intéressant, intitulé : *la Nature dévoilée*, dans lequel tous ses secrets sont dévoilés; il a voyagé partout ou presque partout, et partout il a acquis de nouvelles connoissances sur les hommes et les choses. Il a été persécuté sur tout, il l'a été dans un temps d'enthousiasme et de trouble, où l'homme vertueux, égaré par les idées d'une fausse liberté, opprimoit lui-même son semblable; où l'amour de la patrie, le plus beau de tous les sentimens, fit naître des scélérats qui l'étoient sans le savoir et sans le vouloir peut-être; où les bourreaux enfin pleuroient eux-mêmes sur leurs victimes. Mais n'importe, il a été persécuté.

Rendons-lui donc un double hommage, hommage au bien qu'il a fait, hommage au bien qu'on l'a empêché de faire, hommage positif et hommage négatif. Je m'explique, et je demande, comme le cas est extraordinaire, qu'on donne une fête extraordinaire à notre Vénérable d'honneur, le très-cher Frère DE FOUR-

NELLE., âgé de 119 ans ; je demande qu'à la pro-
chaine fête d'Ordre de la Saint-Jean d'été, toutes
les Loges régulières, à l'Orient de Paris, soient
convoquées régulièrement pour assister à cette
fête. Je demande que dans cette respectable Loge
de Saint-Pierre des FF.˙. du Vrai Expert, il soit
nommé une députation pour aller porter mon
vœu à nos Vénérables maîtres du Grand-Orient
de Paris, et que la R.˙. Loge des FF.˙. du Vrai Expert, nomme dans son sein une commission pour
ordonner et arranger cette fête avec toute la dé-
cence et toute la régularité possible. Je demande
que chacun de nos Frères se cotise pour rendre
cette fête plus solennelle, et paye un tribut légitime
à la vertu, à la vieillesse et au malheur. Quel est
le poëte parmi nous qui ne fera pas de vers
en son honneur ? Quel est le peintre qui ne cher-
chera point à le peindre ? Le dessinateur à le
dessiner, le graveur à le graver, et le musicien
surtout à composer des hymnes à sa louange ?
Comme plusieurs Frères sont privés de l'honorable plaisir de le voir de près, je demande en
outre que chaque Frère, en défilant l'un après
l'autre vers l'autel, vienne lui donner le baiser
fraternel et maçonnique, et que l'on crie : *Vivat*,
et mille fois *vivat !*

Je demande que les Vénérables ici présens,
les RR.˙. Frères de Seve et Chevalier soient ad-

joints à la commission de la Loge des FF∴ du Vrai Expert, qui doit ordonner la fête, et que cette fête soit une des plus solennelles et des plus brillantes qu'on ait jamais vues dans la Franche-Maçonnerie.

CUBIÈRES-PALMÉZEAUX.

DISCOURS

DU F∴ DUBOIS D'ANGERVILLE.

MM∴ TT∴ CC∴ FF∴

JE mets au nombre des jours heureux pour moi, celui où j'ai la faveur de présenter à cette illustre assemblée le patriarche de la Maçonnerie, le doyen de la faculté de médecine de Londres, et l'un des plus anciens habitans de l'Empire français. Quel plaisir, quelle satisfaction j'éprouve de pouvoir rendre un hommage public aux vertus et aux talens de ce respectable vieillard, qui, dès sa tendre jeunesse, initié dans nos mystères, a participé à nos glorieux travaux.

Permettez, MM∴ TT∴ CC∴ et TT∴ Ill∴ FF∴, que je saisisse cette occasion pour mettre sous vos yeux un phénomène, une chose vraiment extraordinaire. N'est-ce pas en effet un spectacle qui n'a pas encore été offert aux enfans de la L∴, que celui d'un F∴ qui compte plus de cent ans de Maçonnerie? Car, si nous parcourons les annales de notre institution, les

B

fastes de notre histoire, même celle des Profanes, nous ne verrons, nous ne trouverons nulle part, un exemple d'une aussi longue association.

Mais, avant d'entrer en matière, souffrez, MM∴ TT∴ CC∴ FF∴, que je réclame votre indulgence ; oui, cette indulgence qui vous est si naturelle, et qui est l'apanage des vrais talens ; elle voudra bien excuser ma foiblesse en faveur du motif qui m'anime, c'est celui de répandre, s'il se peut, un nouveau lustre sur notre ordre, et étendre les vertus qu'il commande.

Déjà vous êtes impatiens d'entendre des détails relatifs à N∴ Vén∴ d'Hon∴, qui a dû être, qui a été le témoin de tant d'événemens, et dont les travaux ont été si utiles. Ah! ne plaise au G∴ A∴ de l'Un∴, que je perde un seul instant de vue mes engagemens sacrés ; je n'oublierai pas que je parle dans le sanctuaire de la vérité, et en présence de FF∴ vertueux qui n'ont jamais cessé d'être ses organes. Je vais donc suivre pas à pas ce R∴ Vieillard dans la longue carrière qu'il a parcourue ; je n'avancerai que des faits authentiques que j'ai rassemblés sur les pièces et notes qu'il m'a fournies lui-même, et qui servent de base au travail que j'ai l'inestimable avantage de vous présenter et de vous soumettre.

Pierre DE FOURNELLE, fils de Pierre de Fournelle, propriétaire, est né le 25 octobre 1690, à

Barjac en Vivarais, d'une famille protestante ;
alliée aux Castillons, aux Salignac Fénélon, etc.

En 1695, à la suite de la révocation de l'édit
de Nantes, N∴ Vén∴ F∴ a été transporté par
ses parens dans les états de Hollande, au service
desquels le colonel-général vicomte d'Alba, son
oncle maternel, se distinguoit. A peine sorti de
l'enfance, entraîné sans doute par une heureuse
destinée, ou guidé par un goût très-vif pour la
science de la nature, il fit connoissance et s'unit
ensuite par les liens de l'amitié avec Homberg,
chimiste célèbre, profond naturaliste, et zélé
Maçon. Ce grand homme fit donner la lumière
au jeune DE FOURNELLE, sous les auspices de
l'O∴ d'Amsterdam. Honoré de sa confiance, il
devint son disciple chéri, son disciple de pré‑
dilection, et par suite, dépositaire des connois‑
sances profondes de son art sublime. Il eut aussi
pour maître *Staal*, connut très-particulièrement
Voodvard, savant cosmologue, et philosophe
également révéré sur les deux hémisphères.

Vers la fin de 1709, année à jamais mémo‑
rable par la rigueur de l'hiver et les horreurs de
la famine, Pierre DE FOURNELLE, accompagné
et conduit par Homberg, visita et parcourut le
nord de l'Europe et l'Angleterre. De retour en
France, ils furent accueillis à la Cour de

Louis XIV. Homberg présenta son élève aux personnes les plus distinguées de ce siècle, aux ducs d'Orléans et de la Feuillade, aux Maréchaux de Berwick, de Noailles, de Tessé, à mesdames de Maintenon, de Ventadour, etc. Ce fut alors que N.·. Vén.·. commença à observer le caractère des grands hommes qui illustrèrent ce siècle fameux. Il se trouva au berceau de Louis XV, vit briller successivement sur la scène du monde, les Fénélon, Racine fils, Fontenelle, Thomas Corneille, l'immortel Voltaire, les Richelieu père et fils, Montesquieu, etc., etc. Il fut le triste témoin de la mort du duc et de la duchesse de Bourgogne, du duc de Bretagne, et de la fin rapide et déplorable de presque tous les membres de la famille de Louis-le-Grand. Il vit les troubles qui agitèrent les dernières années du règne de ce monarque, les premières de la régence, le fameux système de Law, etc.

Tant de victimes, dévorées par la mort, et qui descendirent précitamment dans le tombeau, donnèrent lieu à des inquiétudes, à des murmures populaires. Le duc d'Orléans se crut soupçonné d'être l'auteur de tant de malheurs ; mais Homberg, son chimiste, qui connoissoit toute l'injustice de cette imputation odieuse, sachant d'ailleurs qu'elle pesoit sur lui , se présenta volontairement à la Bastille, où, à défaut d'ordre, il ne fut pas reçu.

Ce qui sembloit donner lieu à ces soupçons affreux, suscités par la calomnie, c'est que le duc d'Orléans, qui s'occupoit des sciences et des secrets chimiques, assuroit d'ailleurs à Homberg 40,000 liv. de rente, indépendamment des frais et des dépenses qu'exigeoient les laboratoires établis dans l'hôtel même du prince. Une protection aussi marquée, accordée aux travaux de ce fameux chimiste, sembloit donner de la consistance à ces soupçons. N∴ T∴ V∴ d'hon∴ seconda son maître dans toutes ses opérations ; et ces deux savans, conjointement avec le duc d'Orléans, se livrèrent pendant trois années consécutives à la science chimique.

N∴ Ill∴ F∴ a obtenu des circonstances, un avantage dont nul autre que lui n'a pu jouir. Je vous le demande, MM∴ CC∴ FF∴, n'est-ce pas un bonheur inappréciable d'avoir pu connoître et observer ces hommes célèbres par leur rare mérite, et qui seront à jamais les objets de l'admiration de la postérité ? Outre les grands personnages que j'ai déjà cités, il a aussi connu personnellement Pierre Ier, cet homme illustre que l'on a vu tour à tour, charpentier et matelot, s'instruisant hors de ses états ; tambour et général dans ses propres armées, jeter les fondemens de Saint-Pétersbourg, civiliser le nord de l'Europe, et mériter le surnom de Grand (1).

N∴ T∴ C∴ V∴ d'Hon∴ vit aussi Charles XII, immédiatement après la bataille de Pultava; et, comme rien n'échappoit à ses désirs impatiens, sa curiosité le conduisit sur le théâtre fameux où Charles venoit d'être blessé, et avoit vu s'anéantir neuf années de gloire, lui dont les actions guerrières ont fait époque jusqu'au moment où les hauts faits d'armes de Napoléon-le-Grand ont effacé tous ceux qui fixoient les regards de la postérité.

Après un séjour de douze années dans sa patrie, N∴ V∴, cédant à son goût pour les voyages, passa en Angleterre, en Ecosse, en Irlande, visita avec attention les ▭ de ces trois royaumes, et n'y rencontra que des F∴ qui l'accueillirent avec bienveillance et cordialité.

Depuis 1722 jusqu'en 1750, sous les ministères de d'Argenson, de Bertin et de Saint-Florentin, N∴ Ill∴ V∴ s'attacha volontairement aux armées françaises, en qualité de médecin; il occupa même un poste distingué, pendant la durée des guerres contre la reine de Hongrie.

---

(1) Il se rappelle qu'il n'avoit guère plus de 7 ans lorsque ce monarque se présenta sous des vêtemens grossiers, chez Homberg, et voulut engager ce chimiste à l'accompagner dans ses états. En 1717, ce prince étant en France il eut la faveur de s'entretenir avec lui.

(23)

Dans le cours de l'année 1742, N.·.V.·. d'Hon.·.,
qui ne négligeoit aucune occasion d'étendre la
sphère de ses connoissances, se trouvant en Allemagne, se rendit à Mayence et visita les savans de
la Germanie. Ces grands hommes, charmés de
son savoir, de sa pénétration, et, en considération
des connoissances profondes qu'il possédoit sur les
hiéroglyphes, ainsi que sur plusieurs autres sciences
qui lui étoient familières, lui conférèrent le su-
blime grade de R.·. ÷|÷ qu'il n'avoit pas encore.

Il semble que la destinée de N.·. V.·. d'Hon.·.
étoit liée à celle de tous les hommes illustres du
18ᵉ siècle. Sous les murs de Prague, il admira le
brave Chevert, avec lequel il étoit lié, ainsi que
le maréchal de Belisle, lors de sa retraite à Egra ; et
le maréchal de Saxe commandant les troupes
françaises. Peu de temps après, N.·. V.·. F.·. se
trouva à la bataille de Fontenoy qui fut si meur-
trière, et à celle de Laufelt, où il fut grièvement
blessé à la poitrine d'un coup de biscayen.

En 1745, il se trouvoit près du lit de Louis XV
lors de la maladie que ce prince fit à Metz. Le
monarque touchoit à sa dernière heure ; déjà les
portes du tombeau s'entr'ouvroient pour lui,
lorsqu'un inconnu se présente avec assurance,
muni d'un remède qu'il dit être souverain ; il
veut l'administrer ; la Peyronie et Dumoulin,
premiers médecins du roi s'y opposent : il insiste ;

et malgré tous les obstacles, il fait prendre au monarque expirant le philtre salutaire qui lui rend la santé et la vie.

Cette guérison miraculeuse fut attribuée aux connoissances de notre V∴ ; mais il s'en défend avec la modestie qui le caractérise.

Avant de quitter Metz, il abjura entre les mains du père Duplessis jésuite, homme très-pieux, célèbre par différens ouvrages dont il est auteur, et plus particulièrement connu par la quantité de Calvaires qu'il a plantés en France.

En 1749, il fut reçu médecin de l'académie de Londres.

En 1750, toujours avide de s'instruire, il parcourut toute la Méditerranée, les îles de l'Archipel, et commença ses voyages par l'Italie, cette contrée conservatrice de tant de monumens précieux. Il fut présenté au pape Ganganelli par le cardinal de Bernis, ce poëte aimable, alors ambassadeur de France, et aux autres personnages distingués qui composoient la cour de Rome. Il reçut du souverain Pontife, juste appréciateur des vrais talens, l'accueil le plus flatteur et le plus honorable. Mais N∴ V∴ d'Hon∴ auroit regardé tous ses soins, tous ses travaux comme infructueux, s'il n'eût pas visité Messine, Palerme, la Crète, Candie, Thessalonique, l'ancien empire d'Orient, ainsi que la Grèce, cette patrie des vrais sages de l'antiquité, et qui rappelle des souvenirs aussi profonds que délicieux. Ce n'est point encore assez pour lui, il veut rendre hommage à la patrie des Sésostris, à la patrie des Egyptiens, dont les monumens, qui ont bravé les injures du temps, attestent encore la sagesse, l'industrie et la puissance. Secondé par de profonds naturalistes, il observe la nature dans le voisinage du Caire, et parvient à lui arracher ses secrets et ses conceptions sublimes. Dans cette heureuse région, berceau des sciences et des arts, ce qui l'étonna le plus, c'est qu'il découvrit dans de simples pâtres, gens absolument illettrés, des connoissances rares sur la nature, la médecine, l'astronomie, et la cosmogonie. Il visita les pyramides, monumens éternels de la grandeur et de la puissance des souverains qui présidèrent à leur construction. Il y médita sur les fragmens hiéroglyphiques, dont les traces s'y voyoient encore empreintes, emblèmes sacrés sous lesquels des sages ont voilé les principes secrets des sciences qu'ils possédoient. Dans le cours de ce voyage, il rencontra des savans, des philosophes, des cosmologistes avec lesquels il obtint la faveur de travailler, le précieux avantage de s'instruire, et desquels il reçut des grades inconnus parmi nous,

Ici , MM∴ TT∴ CC∴ FF∴ , j'invoque votre témoignage. N'êtes-vous pas convaincus comme moi, que cet illustre voyageur a dû avoir en partage un courage héroïque pour supporter toutes les peines, toutes les fatigues, et surmonter les obstacles de toute nature qu'un voyage d'aussi long cours a dû lui présenter (1) ? Mais les plus grands et les plus sensibles ont été ceux qui lui furent suscités par l'envie. Cependant rien ne l'intimide, rien ne l'arrête ; il brave tout, il réunit ses matériaux , il enrichit les sciences d'un ouvrage digne de lui, et dont le titre seul intéresse. La curiosité de notre voyageur n'est pas encore satisfaite ; il quitte les contrées dévorées par un soleil brûlant, il retourne en Russie , il y est accueilli par les premiers personnages de cet empire, et revient en parcourant la Zélande, la Norwège et l'Allemagne ; il fait imprimer à Manheim, en 1762, l'ouvrage dont je viens de parler, ayant pour titre : *la Nature dévoilée*, deux volumes in-octavo, production d'une richesse, d'une simplicité, d'une précision et d'une clarté particulières sur la racine de la nature des choses élémentaires, leurs propriétés, leur mutation , transformation, décomposition, rénovation, génération , etc. etc. etc. C'est dans l'ouvrage même

---

(1) Lorsqu'il le termina, il avoit près de 72 ans.

qu'il faut lire avec l'œil de l'observateur, l'attention et le zèle du scrutateur des abîmes de la
science des choses, et l'on trouvera que l'auteur,
voué par la nature même à la science primitive
de l'essence des êtres, s'est employé tout entier,
et a mis aussi l'univers et le genre humain à
contribution, pour produire des fruits salutaires
à notre espèce, et bien honorables pour l'intelli-
gence de l'homme qu'il conduit à la connoissance de lui-même, et qui le fait quelquefois
rivaliser avec celle de la nature.

En 1769, ce savant docteur guérit la peste qui
affligeoit la ville de Nice: il en recueillit les certi-
ficats les plus honorables. Le roi de Sardaigne le
récompensa d'une manière digne de lui et du
service qu'il avoit rendu à son peuple.

Etant à Turin, en 1770, il reçut de Louis XV,
par Gabriel de Choiseul, ambassadeur français,
l'ordre formel de rentrer dans sa patrie, pour que
les talens de ce médecin distingué ne tournassent
pas au profit des étrangers plutôt qu'à celui de
son pays.

Vous avez sans doute de la peine MM.˙.FF.˙.,
à le suivre dans tous ses voyages et dans toutes
ses opérations. Enfin, il va mettre un terme à ses
courses utiles; et, de retour à Paris, le monarque
toujours réconoissant des services qu'il lui avoit
rendus à Metz, et voulant revoir notre Vén.˙. philan-

trope, il le fit appeler, et ordonna que les pensions qu'il lui avoit accordées sur sa cassette, à l'époque de sa maladie à Metz et après, continuassent de lui être payées. Il présida, dans cette cité, une ⸪ maç∴, fit donner la L∴ au comte de Montolon (1), au comte d'Imecourt, major des gendarmes, au comte de Morillac, à Boileau, médecin, à l'abbé de Bouillet, etc.

En 1771, le duc de Chartres, depuis duc d'Orléans, avant de souscrire l'acte d'acceptation pour succéder à M. de Clermont dans la dignité de G∴ M∴, se rappelant les travaux qui avoient été suivis par le régent de France, son bisaïeul, sous la conduite de Homberg et de N∴ V∴ d'hon∴, provoqua ce dernier et l'engagea par toutes sortes de promesses, sous le voile de la Maç∴, à lui en communiquer le résultat ; il poussa même l'indiscrétion jusqu'à exiger qu'il lui communiquât aussi les divers grades qu'il avoit reçus chez l'étranger, notamment en Egypte, et qu'il savoit n'être pas connus en France ; mais, fidèle à ses obligations, N∴ R∴ Vén∴ sut résister à toutes les sollicitations du prince, et se borna à le reconnoître seulement dans ceux qu'il possédoit.

---

(1). Actuellement maire à la Ferté-Milon, département de l'Aisne.

En 1772, il fit réimprimer à Paris son ouvrage de *la Nature dévoilée*. En 1774, époque à laquelle Louis XV termina sa carrière, les pensions que le souverain lui avoient accordées furent éteintes. Fixé dans sa patrie, il y voyagea exerçant toujours sa profession de médecin, s'enveloppant du mystère pour soulager l'indigent, consoler le malheureux, offrant toujours une main secourable à l'infortune, et travaillant sans cesse à l'agrandissement et à la simplification des sciences qu'il possède.

N∴ Vén∴ DE FOURNELLE habitoit la Provence au moment où la révolution éclata. En 1793, des suppôts de la terreur, ennemis de toute science, se précipitèrent sur ses laboratoires comme un torrent destructeur, le poursuivirent avec acharnement, brisèrent et anéantirent les objets médicaux, qui lui avoient coûté des peines infinies et plusieurs années de travaux ; ils lacérèrent et brûlèrent en sa présence les précieux manuscrits qu'il avoit faits dans les voyages, entre autres un ouvrage en deux volumes, faisant suite à celui de *la Nature dévoilée*, qu'il étoit au moment de mettre sous presse. Cet infortuné vieillard, en fuyant ses persécuteurs, fit une chute et se démit la cuisse droite, qu'à défaut de chirurgien il eut l'inconcevable courage de se remettre lui-même. Au milieu de tant de malheurs, il fut assez heureux pour trouver une famille honnête du bourg de Saint-Didier, qui s'empressa de le recueillir et de lui prodiguer tous les secours qu'exigeoit sa déplorable situation. Peu après son rétablissement, pour être encore utile et pour sauver sa vie, il offrit ses talens et ses connoissances pour la confection du salpêtre, et il en produisit d'une qualité supérieure à celles qui étoient connues. Javogue et Duret, représentans du peuple envoyés dans ce département, feignant de vouloir servir et faire rendre justice à N∴ V∴ d'hon∴, exigèrent qu'il leur remît son acte de naissance, les lettres de Louis XV, de la duchesse de Villars, de Brionne, dont il étoit porteur, à lui adressées en qualité de médecin, et sous ce rapport revêtu de leur confiance. « Donne, lui disoit » Javogue, il faut que je porte à la convention » les preuves de ton bel âge et de ta bonne santé; » donne, je l'instruirai, qu'à l'aide d'un remède » que tu possèdes, tu es parvenu à vivre aussi » long-temps; donne donc, et je te sauve la vie. » Ce fut alors qu'il fut entièrement dépouillé de ses titres précieux; car ce député, de retour à Paris, nanti de tous ces documens, porta sa tête sur l'échafaud avec Duret son collègue; et les pièces originales que N∴ C∴ V∴ lui avoit confiées furent perdues.

En l'an II de la république, le 2 juillet 1793,

à l'âge de 104 ans, N∴ C∴ F∴ dont le cœur s'ou-
vroit à la reconnoissance, et voulant la témoigner
à la famille qui lui avoit sauvé la vie, épousa
Marie-Anne Bouton, qui n'avoit que dix-huit
ans. Sept enfans sont nés de ce mariage et quatre
sont encore vivans.

En l'an V, il amena sa famille à Paris, et y
vécut ignoré. Au mois de juillet 1808, le F∴
Lamotte, plusieurs membres de cette ⬚∴⬚,
et le F∴ Bonisson de la rue Meslée, détermi-
nèrent ce Nestor de la M∴ à se rendre encore une fois dans le temple de la lumière ; à
quoi obtempérant avec une amabilité qui lui est
vraiment naturelle, il visita l'At∴ St∴ Pierre
des Amis réunis ; sa présence excita en chacun
des FF∴ qui l'ornoient, les sentimens de la plus
vive admiration et de la plus grande surprise.

Vous vous rappelez sans doute, MM∴ FF∴,
une époque qui a fait impression sur toutes les
ames sensibles et religieuses, c'est celle du 21 no-
vembre 1808. Après avoir été marié, ainsi que je
viens de le dire, la religion sanctionna l'union
qu'il avoit formée, et il reçut la bénédiction
nuptiale dans l'église métropolitaine de Paris(1).

____

(1) Son éminence le cardinal du Belloy qui connoissoit le F∴ de Fournelle depuis plus de 50 ans, s'étoit
chargé de faire légaliser les pièces que cette cérémonie
exigeoit, il devoit même y assister, mais la décès de

Tel est , MM∴ TT∴ CC∴ FF∴ le précis historique des travaux et des événemens auxquels N∴V∴ d'Hon∴ a eu la plus grande part, ou dont il a été le témoin. Malgré ses longs et pénibles travaux, malgré les tourmens qu'il a éprouvés et les privations qu'il a endurées, il est arrivé à sa 119ᵉ année. Mais une chose bien plus extraordinaire, miraculeuse même, c'est qu'à ce grand âge il ait conservé toutes ses facultés morales, intellectuelles et doctrinales, qu'il puisse encore lire sans le secours de lunettes, et qu'aucune infirmité ne l'afflige. Il a une présence d'esprit et une mémoire admirables ; cependant, l'accident terrible qu'il a éprouvé en sa 104ᵉ année a porté un coup si cruel à toute son organisation, qu'il ne peut qu'avec peine circuler dans son appartement ; et que sans cet accident, il dit qu'il feroit encore six lieues par jour.

Vous le voyez , MM∴ FF∴ , le front de ce R∴ vieillard est à peine sillonné par le temps ; sa physionomie est animée, son œil vif, et il paroît n'avoir que soixante-dix ans. Il a vu disparoître plusieurs générations et successivement tous ses parens, tous ses amis. De combien de sou-

---

ce respectable prélat, arrivé dans l'intervalle de l'envoi et du retour de ces pièces, priva le F∴ de Fournelle de la faveur précieuse qui lui étoit promise.

venirs douloureux son cœur sensible ne doit-il pas être affecté ! Combien son ame paternelle n'a-t-elle pas dû être ulcérée ! Quoique chef de famille, il n'a ni soutien ni appui qu'en lui-même. Il est donc maintenant semblable à une colonne antique restée debout au milieu d'une cité nouvelle, puisque les quatre enfans qui lui restent sont en trop bas âge pour pouvoir le défendre ou lui être de quelque secours. O triste position ! quelles réflexions vous faites naître !

Mais si quelque consolation peut se mêler à l'amertume de son sort, si quelque baume salutaire doit cicatriser les plaies profondes de son âme, c'est sans doute le plaisir pur et délicieux qu'il éprouve au sein de cette auguste assemblée. C'est l'espoir, ou plutôt la certitude qu'il a d'être à jamais uni à tous ceux qui la composent: Oui, MM∴ FF∴, cette perspective riante fait tressaillir son cœur et le remplit de la plus douce joie; ses entrailles sont émues à notre aspect, ses sentimens pour nous sont ceux du père le plus tendre; il nous regarde déjà comme ses enfans chéris. Il voit autour de lui une nombreuse famille qui sera le soutien, la consolation de sa vieillesse, ce vénérable vieillard verra par nous tous ses désirs accomplis, et nous lui ménagerons des plaisirs purs jusqu'à sa dernière aurore.

C

Qu'il plaise au grand Arch∴ de l'Un∴ nous faire jouir long-temps de ce bonheur, et que grâces éternelles lui en soient rendues.

DUBOIS D'ANGERVILLE,
R∴ †∴
Député au G∴ O∴

Le F∴ Cubières-Palmézeaux, ayant de nouveau la parole, a dit :

Je savois bien que le F∴ DE FOURNELLE, né à Barjac, département de l'Ardèche, étoit mon compatriote, mais je ne savois pas qu'il étoit parent de Fénélon, de l'immortel Fénélon, auteur de *Télémaque*, le plus doux, le plus bienfaisant et le plus tolérant des hommes. Je réclame donc, à cause de cette parenté, un nouvel hommage au F∴ DE FOURNELLE, et en attendant que la fête solennelle de la Saint-Jean d'été soit ordonnée, je prie mes RR∴ FF∴ d'écouter avec indulgence le quatrain que je viens d'improviser :

> Il vécut autant que Nestor,
> Fut sage comme Télémaque ;
> Cette Loge est pour lui l'Ithaque,
> Il y porte le Siècle d'Or.

CUBIÈRES-PALMÉZEAUX.

PROPOSITION

DU F∴ JAQUOTOT.

MM∴ CC∴ FF∴

LES Lacédémoniens, que des lois sages avoient fait le premier peuple de l'ancienne Grèce, aussi braves devant l'ennemi que vertueux dans leurs foyers, avoient un respect profond pour la vieillesse; il étoit même porté chez eux jusqu'à l'adoration. Dans les assemblées publiques, dans les spectacles ils avoient leurs places marquées, et malheur au jeune homme qui seroit resté couvert devant eux, il étoit regardé comme mauvais citoyen.

Les Romains eux-mêmes, dans les beaux jours de la république, avoient pour les vieillards, ces pères de la patrie, la même vénération; ils avoient formé, dès la création de Rome, le premier corps de l'état, ils étoient convaincus que l'expérience que donnoit une longue suite d'années, étoit la sauve-garde de l'état.

Cicéron, dans son Traité de la Vieillesse, les

en félicitoit à la tribune publique, et s'honoroit, dans le sénat, de partager cette opinion.

J'éprouve, MM∴ CC∴ FF∴ en voyant ce respectable centenaire, cet être privilégié auquel le grand Arch∴ de l'Un∴ accorde le don précieux de voir trois siècles, ce Nestor de la Maçonnerie française, enfin ce doyen des hommes qui préside en ce moment vos estimables travaux, un respect profond, mêlé d'un doux attendrissement qui fait couler mes larmes. Je me dis à moi-même : si, parmi les Maçons que leur morale sublime forme au niveau d'une aimable égalité, il en est un qui doive commander aux autres, ce ne peut être que ce vieillard vénérable, dont l'âge, l'expérience et les connoissances profondes pénètrent nos cœurs d'admiration et de respect.

Offrons donc MM∴ FF∴, aux M∴ qui composent les loges de Paris, ce vénérable centenaire ; et que, dans une fête donnée par toutes les Loges de cette Capitale du monde, à laquelle je propose de donner le nom de la vieillesse et du respect, il reçoive l'hommage de notre vénération et de notre amour.

DISCOURS

du F∴ PERRIN aîné, Or∴

———

F∴ V∴ d'honneur, et vous V∴ en exer∴
de ce R∴ At∴, premier et deuxième Surv∴, TT∴
CCh∴ Visiteurs et vous tous MM∴ FF∴ dans
vos grades et qualités, qui décorez si bien ce
Resp∴ At∴

Le précis historique de la vie civile et Maç∴
du T∴ V∴ d'honneur le f∴ DE FOURNELLE,
que vous venez d'entendre, a sans doute excité
en vous les sentimens de la plus vive surprise et
de la plus grande admiration !

Quoi de plus étonnant en effet ! quoi de plus
admirable ! que de voir au milieu de nous, dans
ce temple consacré à la gloire du G∴ Arch∴ de
l'Un∴, un Frère, sans contredit, le Doyen de
la Maçonnerie, dont les Travaux Maç∴ datent
d'un siècle et plus, et qui, quoique parvenu à
sa cent dix-neuvième année, jouit, par un pri-
vilége sinon unique, du moins bien rare, d'une

C *

constitution physique qui lui permet de venir s'associer à vos illustres travaux , et nous prouve que le zèle Maç∴ qui l'anime depuis plus de cent ans , est encore dans son cœur comme dans ses actions , dans toute la force et la vigueur du premier âge. Grâces immenses et éternelles en soient rendues au G∴ Arch∴ de l'Un∴ !

Quelle est imposante , quelle est majestueuse la cérémonie auguste de ce jour ! Quelle vive et touchante impression ne fait-elle pas sur chacun de nous ! Elle est si visible , si frappante , qu'il suffit de nous entre-regarder pour nous apercevoir que dans cette brillante et nombreuse assemblée , un seul point occupe toutes les facultés de notre ame.

Le T∴ V∴ DE FOURNELLE est au milieu de nous ; sa présence est une faveur précieuse dont chacun de nous s'empresse de jouir ; à l'admiration qu'elle nous cause, se joignent des actions de grâces au G∴ Arch∴ de l'Uni∴ et des vœux ardens et sincères pour sa conservation : nos yeux sont constamment fixés sur lui, ils ne cessent de contempler cette figure vénérable , qui inspire le respect le plus profond , l'aimable douceur, la tendre amitié qui la caractérisent si éminemment commandent notre amour et notre vénération ; nous y chercherions en vain ces tristes marques de la faux que le temps imprime sur tous les mor-

tels dans sa course rapide ; et nous sommes forcés
de ne voir en lui que notre contemporain !....
Avides de recueillir toutes ses paroles comme
autant de leçons de sagesse et de vertu , notre
attention se soutient , et le calme parfait qui nous
environne prouve mieux que je ne saurois le dire,
quel haut prix nous attachons à chacune de ses
expressions ; j'en appelle à vous-mêmes , MM.∴
TT.∴ CC.∴ FF.∴! N'est-ce pas la situation actuelle
de votre âme ? et, pour la caractériser d'une manière bien sensible , je vous le demande , ne
sommes-nous pas tous dans cet état de saisisse-
ment, je dirois presque d'extase , que produit
naturellement la présence d'un événement extraordinaire et inattendu ? Eh ! quelles douces
jouissances ne nous procure pas celui qui amène
au milieu de nous le T.∴ V.∴ DE FOURNELLE !
Membres de ce respectable At.∴, vous qui possé-
dez si bien le véritable esprit de la franche Maçonnerie, en associant à vos illustres travaux, en
choisissant pour première lumière d'honneur de
votre At.∴ le T.∴ V.∴ DE FOURNELLE ; vous en
consacrez les principes indestructibles, vous honorez le talent, la vertu, la vieillesse, cette vieillesse aimable si digne de nos respects et de nos
hommages, vous vous honorez vous-mêmes.

 Votre choix confirme, il applaudit à celui
que firent autrefois les nombreux At.∴ dans tous

les pays, que notre Vénérable d'honneur a par-
courus, vous vous associez, pour ainsi dire, à leurs
illustres travaux, et remplissez ainsi le but de la
véritable Maçonnerie, qui reconnoît pour ses
frères tous les habitans de l'un et l'autre hémis-
phère, lorsqu'initiés à ses mystères, ils pratiquent
les vertus qu'elle commande.

Ce jour MM∴TT∴CC∴FF∴ doit faire époque
dans les annales de la R∴ ☐ des VRAIS EXPERTS,
et la mémoire ne s'en perdra jamais, si, constans
dans vos principes, vous persévérez dans cet esprit d'union et de paix qui exclut les troubles
et les dissensions, dans cet esprit de charité qui
excuse les erreurs, pallie les fautes, les cache
dans l'ombre du silence , plaint les coupables, et
les console par tous les moyens qui sont en son
pouvoir; si vous persévérez enfin dans cet esprit
de bienfaisance et d'humanité qui donne des secours, prodigue des soins actifs à ceux que l'infortune poursuit, que le malheur accable, que le
désespoir entraîneroit dans de fausses démarches
par suite de votre insensibilité et par le manque
de cette compassion que tous les hommes se doi-
vent, à laquelle tous les Maçons surtout ont juré
d'être fidèles.

Tel est, MM∴ TT∴ CC∴ FF∴ le véritable
esprit de la franche Maçonnerie, et les bases de

l'édifice glorieux que nous sommes tous appelés à construire ; heureux celui dont la conduite est conforme à ces principes, sa récompense est dans la paix de son âme, dans l'estime de ses frères et dans la considération dont il jouit, soit dans les travaux maçonniques, soit dans le cours de sa vie civile.

L'exemple du T∴ V∴ F∴ DE FOURNELLE, ne prouve-t-il pas évidemment les vérités que vous venez d'entendre ? Puissions-nous jouir long-temps de sa présence et profiter de ses leçons ; confirmées par l'expérience, elles ne nous laissent plus aucun lieu de douter que les vertus Maçonniques conduisent sûrement au bonheur et à cette vieillesse qui fait le sujet de notre admiration et l'objet de nos espérances.

Que le G∴ Archi∴ de l'Uni∴ couronne nos vœux et nos désirs.

PERRIN,

∴|∴ Orateur.

COUPLETS IMPROVISÉS.

Air : O Fontenay !

D'un vrai Maçon nous chantons la vieillesse,
D'un vieux Maçon célébrons les vertus :
Oui , dans ce jour, dans ce jour d'allégresse ,
Nous contemplons les temps même vaincus.   (*bis.*)

Qu'une amitié , amitié bien sincère ,
Unisse donc , unisse les Maçons ,
De ses vertus , de sa longue carrière ,
Soyons aussi fidèles compagnons.   (*bis.*)

Perrin, R∴ †.

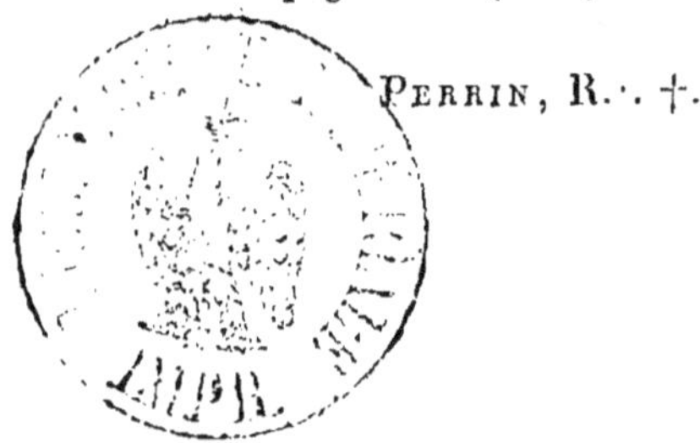

www.ingramcontent.com/pod-product-compliance
Lightning Source LLC
LaVergne TN
LVHW010432060726
842526LV00005B/1744